事业单位工作人员考核规定

中国法制出版社

目　　录

中共中央组织部　人力资源社会保障部关于印发《事业单位工作人员考核规定》的通知

人社部发〔2023〕6号

各省、自治区、直辖市党委组织部、政府人力资源社会保障厅（局），中央和国家机关各部委、各人民团体组织人事部门，新疆生产建设兵团党委组织部、人力资源社会保障局，部分高等学校党委：

为准确评价事业单位工作人员的德才表现和工作实绩，规范事业单位工作人员考核工作，根据《事业单位人事管理条例》等法律法规，中央组织部、人力资源社会保障部共同研究制定了《事业单位工作人员考核规定》，现印发给你们，请结合本地区、本部门实际认真贯彻执行。

中共中央组织部　人力资源社会保障部

2023年1月12日

事业单位工作人员考核规定

第一章 总 则

第一条 为了准确评价事业单位工作人员的德才表现和工作实绩，规范事业单位工作人员考核工作，推动建设堪当民族复兴重任、忠诚干净担当的高素质专业化事业单位工作人员队伍，把新时代好干部标准落到实处，根据《事业单位人事管理条例》和有关法律法规，制定本规定。

第二条 事业单位工作人员考核，是指事业单位或者主管机关（部门）按照干部人事管理权限及规定的标准和程序，对事业单位工作人员的政治素质、履职能力、工作实绩、作风表现等进行的了解、核实和评价。

对事业单位领导人员的考核，按照有关规定执行。

第三条　事业单位工作人员考核工作，坚持以习近平新时代中国特色社会主义思想为指导，贯彻新时代党的组织路线和干部工作方针政策，着眼于充分调动事业单位工作人员积极性主动性创造性、促进新时代公益事业高质量发展，坚持尊重劳动、尊重知识、尊重人才、尊重创造，全面准确评价事业单位工作人员，鲜明树立新时代选人用人导向，推动形成能者上、优者奖、庸者下、劣者汰的良好局面。工作中，应当坚持下列原则：

（一）党管干部、党管人才；

（二）德才兼备、以德为先；

（三）事业为上、公道正派；

（四）注重实绩、群众公认；

（五）分级分类、简便有效；

（六）考用结合、奖惩分明。

第四条　事业单位工作人员考核的方式主要是年度考核和聘期考核，根据工作实际开展平时考核、专项考核。

第二章　考核内容

第五条　对事业单位工作人员的考核，以岗位职责和所承担的工作任务为基本依据，全面考核德、能、勤、绩、廉，突出对德和绩的考核。

（一）德。坚持将政治标准放在首位，全面考核政治品质和道德品行，重点了解学习贯彻习近平新时代中国特色社会主义思想，坚定拥护“两个确立”，增强“四个意识”、坚定“四个自信”、做到“两个维护”，坚定理想信念，坚守初心使命，忠于宪法、忠于国家、忠于人民的情况；做到坚持原则、敢于斗争、善于斗争的情况；模范践行社会主义核心价值观，胸怀祖国、服务人民，恪守职业道德，遵守社会公德、家庭美德和个人品德等情况。

（二）能。全面考核适应新时代要求履行岗位职责的政治能力、工作能力、专业素养和技术技能水平，重点了解政治判断力、政治领悟力、政治执行力和学习调研能力、依法办事能力、群众工作能力、沟通协调能力、贯彻执行能力、改革创新能力、应急处突能力等情况。

（三）勤。全面考核精神状态和工作作风，重点了解爱岗敬业、勤勉尽责、担当作为、锐意进取、勇于创造、甘于奉献等情况。

（四）绩。全面考核践行以人民为中心的发展思想，依法依规履行岗位职责、承担急难险重任务、为群众职工办实事等情况，重点了解完成工作的数量、质量、时效、成本，产生的社会效益和经济效益，服务对象满意度等情况。

（五）廉。全面考核廉洁从业情况，重点了解落实中央八项规定及其实施细则精神，执行本系统、本行业、本单位行风建设相关规章制度，遵规守纪、廉洁自律等情况。

第六条 对事业单位工作人员实行分级分类考核，考核内容应当细化明确考核要素和具体指标，体现不同行业、不同类型、不同层次、不同岗位工作人员的特点和具体要求，增强针对性、有效性。

第七条 对面向社会提供公益服务的事业单位工作人员的考核，突出公益服务职责，加强服务质量、行为规范、技术技能、行风建设等考核。宣传思想文化、教育、科技、卫生健康等重点行业领域事业单位要按照分类推进人才评价机制改革有关要求，分别确定工作人员考核内容的核心要素，合理设置指标权重，实行以行业属性为基础的差别化考核。

对主要为机关提供支持保障的事业单位工作人员的考核，突出履行支持保障职责情况考核。根据实际情况，可以与主管机关（部门）工作人员考核统筹。

第八条 对事业单位专业技术人员的考核，应当结合专业技术工作特点，以创新价值、能力、贡献为导向，注重公共服务意识、专业理论知识、专业能力水平、创新服务及成果等。

对事业单位管理人员的考核，应当结合管理工作特点，注重管理水平、组织协调能力、工作规范性、廉政勤政情况等。

对事业单位工勤技能人员的考核，应当结合工勤技能工作特点，注重技能水平、服务态度、质量、效率等。

第三章　年 度 考 核

第九条　年度考核是以年度为周期对事业单位工作人员总体表现所进行的综合性考核，一般每年年末或者次年年初进行。

第十条　年度考核的结果一般分为优秀、合格、基本合格和不合格四个档次。

第十一条　年度考核确定为优秀档次应当具备下列条件：

（一）思想政治素质高，理想信念坚定，贯彻落实党中央决策部署坚决有力，模范遵守法律法规，恪守职业道德，具有良好社会公德、家庭美德和个人品德；

（二）履行岗位职责能力强，精通本职业务，与岗位要求相应的专业技术技能或者管理水平高；

（三）公共服务意识和工作责任心强，勤勉敬业奉献，改革创新意识强，工作作风好；

（四）全面履行岗位职责，高质量地完成各项工作任务，工作实绩突出，对社会或者单位有贡献，服务对象满意度高；

（五）廉洁从业且在遵守廉洁纪律方面具有模范带头作用。

第十二条 年度考核确定为合格档次应当具备下列条件：

（一）思想政治素质较高，能够贯彻落实党中央决策部署，自觉遵守法律法规和职业道德，具有较好社会公德、家庭美德和个人品德；

（二）履行岗位职责能力较强，熟悉本职业务，与岗位要求相应的专业技术技能或者管理水平较高；

（三）公共服务意识和工作责任心较强，工作认真负责，工作作风较好；

（四）能够履行岗位职责，较好地完成工作任务，服务对象满意度较高；

（五）廉洁从业。

第十三条 事业单位工作人员有下列情形之一的，年度考核应当确定为基本合格档次：

（一）思想政治素质一般，在贯彻落实党中央决策部署以及遵守职业道德、社会公德、家庭美德、个人品德等方面存在明显不足；

（二）履行岗位职责能力较弱，与岗位要求相应的专业技术技能或者管理水平较低；

（三）公共服务意识和工作责任心一般，工作纪律性不强，工作消极，或者工作作风方面存在明显不足；

（四）能够基本履行岗位职责、完成工作任务，但完成工作的数量不足、质量和效率不高，或者在工作中有一定的失误，或者服务对象满意度较低；

（五）能够基本做到廉洁从业，但某些方面存在不足。

第十四条 事业单位工作人员有下列情形之一的，年度考核应当确定为不合格档次：

（一）思想政治素质较差，在贯彻落实党中央决策部署以及职业道德、社会公德、家庭美德、个人品德等方面存在严重问题；

（二）业务素质和工作能力不能适应岗位要求；

（三）公共服务意识和工作责任心缺失，工作不担当、不作为，或者工作作风差；

（四）不履行岗位职责、未能完成工作任务，或者在工作中因严重失职失误造成重大损失或者恶劣社会影响；

（五）在廉洁从业方面存在问题，且情形较为严重。

第十五条　事业单位工作人员年度考核优秀档次人数，一般不超过本单位应参加年度考核的工作人员总人数的20%。优秀档次名额应当向一线岗位、艰苦岗位以及获得表彰奖励的人员倾斜。

事业单位在相应考核年度内有下列情形之一的，经主管机关（部门）或者同级事业单位人事综合管理部门审核同意，工作人员年度考核优秀档次的比例可以适当提高，一般掌握在25%：

（一）单位获得集体记功以上奖励的；

（二）单位取得重大工作创新或者作出突出贡献，取得有关机关（部门）认定的；

（三）单位绩效考核获得优秀档次的。

对单位绩效考核为不合格档次的，以及问题较多、被问责的事业单位，主管机关（部门）或者同级事业单位人事综合管理部门应当降低其年度考核优秀档次比例，一般不超过15%。

第十六条　对事业单位工作人员开展年度考核，

可以成立考核委员会或者考核工作领导小组，负责考核工作的组织实施，相应的组织人事部门承担具体工作。考核委员会或者考核工作领导小组由本单位成立的，一般由单位主要负责人担任主任（组长），成员由单位其他领导人员、组织人事部门和纪检监察机构有关人员、职工代表等组成；由主管机关（部门）成立的，一般由主管机关（部门）组织人事部门负责人担任主任（组长），成员由主管机关（部门）组织人事部门有关人员以及事业单位有关领导人员、从事组织人事和纪检监察工作的有关人员、职工代表等组成。

第十七条 年度考核一般按照下列程序进行：

（一）制定方案。考核委员会或者考核工作领导小组制定事业单位年度考核工作方案，通过职工代表大会或者其他形式听取工作人员意见后，面向全单位发布。

（二）总结述职。事业单位工作人员按照岗位职责任务、考核内容以及有关要求进行总结，填写年度考核表，必要时可以在一定范围内述职。

（三）测评、核实与评价。考核委员会或者考核工作领导小组可以采取民主测评、绩效评价、听取主管领导意见以及单位内部评议、服务对象满意度调查、第三方评价等符合岗位特点的方法，对考核对象进行综合评价，提出考核档次建议。

（四）确定档次。事业单位领导班子或者主管机关（部门）组织人事部门集体研究审定考核档次。拟确定为优秀档次的须在本单位范围进行公示，公示期一般不少于 5 个工作日。考核结果以书面形式告知被考核人员，由本人签署意见。

第四章　聘期考核

第十八条　聘期考核是对事业单位工作人员在一个完整聘期内总体表现所进行的全方位考核，以聘用（任）合同为依据，以聘期内年度考核结果为基础，一般在聘用（任）合同期满前一个月内完成。

聘期考核侧重考核聘期任务目标完成情况。

第十九条　聘期考核的结果一般分为合格和不合格等档次。

第二十条　事业单位工作人员完成聘期目标任

务，且聘期内年度考核均在合格及以上档次的，聘期考核应当确定为合格档次。

第二十一条 事业单位工作人员无正当理由，未完成聘期目标任务的，聘期考核应当确定为不合格档次。

第二十二条 事业单位工作人员聘期考核一般应当按照总结述职，测评、核实与评价，实绩分析，确定档次等程序进行，结合实际也可以与年度考核统筹进行。

第五章 平时考核和专项考核

第二十三条 平时考核是对事业单位工作人员日常工作和一贯表现所进行的经常性考核。

第二十四条 对事业单位工作人员开展平时考核，主要结合日常管理工作进行，根据行业和单位特点，可以采取工作检查、考勤记录、谈心谈话、听取意见等方法，具体操作办法由事业单位结合实际确定。

事业单位可以根据自身实际，探索建立平时考核记录，形成考核结果。平时考核结果可以采用考核报告、评语、档次或者鉴定等形式确定。

第二十五条 专项考核是对事业单位工作人员在完成重要专项工作、承担急难险重任务、应对和处置突发事件中的工作态度、担当精神、作用发挥、实际成效等情况所进行的针对性考核。

根据平时掌握情况，对表现突出或者问题反映较多的工作人员，可以进行专项考核。

第二十六条 对事业单位工作人员开展专项考核，可以按照了解核实、综合研判、结果反馈等程序进行，或者结合推进专项工作灵活安排。

专项考核结果可以采用考核报告、评语、档次或者鉴定等形式确定。

第六章 考核结果运用

第二十七条 坚持考用结合，将考核结果与选拔任用、培养教育、管理监督、激励约束、问责追责等结合起来，作为事业单位工作人员调整岗位、职务、职员等级、工资和评定职称、奖励，以及变更、续订、解除、终止聘用（任）合同等的依据。

第二十八条 事业单位工作人员年度考核被确定为合格以上档次的，按照下列规定办理：

（一）增加一级薪级工资；

（二）按照有关规定发放绩效工资；

（三）本考核年度计算为现聘岗位（职员）等级的任职年限。

其中，年度考核被确定为优秀档次的，在绩效工资分配时，同等条件下应当予以倾斜；在岗位晋升、职称评聘时，同等条件下应当予以优先考虑。

第二十九条 事业单位工作人员年度考核被确定为基本合格档次的，按照下列规定办理：

（一）责令作出书面检查，限期改进；

（二）不得增加薪级工资；

（三）相应核减绩效工资；

（四）本考核年度不计算为现聘岗位（职员）等级的任职年限，下一考核年度内不得晋升岗位（职员）等级；

（五）连续两年被确定为基本合格档次的，予以组织调整或者组织处理。

第三十条　事业单位工作人员年度考核被确定为不合格档次的，按照下列规定办理：

（一）不得增加薪级工资；

（二）相应核减绩效工资；

（三）向低一级岗位（职员）等级调整；

（四）本考核年度不计算为现聘岗位（职员）等级的任职年限；

（五）被确定为不合格档次且不同意调整工作岗位，或者连续两年被确定为不合格档次的，可以按规定解除聘用（任）合同。

其中，受处理、处分时已按规定降低岗位（职员）等级且当年年度考核被确定为不合格档次的，为避免重复处罚，不再向低一级岗位（职员）等级调整。

第三十一条　事业单位工作人员年度考核不确定档次的，按照下列规定办理：

（一）不得增加薪级工资；

（二）相应核减绩效工资；

（三）本考核年度不计算为现聘岗位（职员）等级的任职年限，连续两年不确定档次的，视情况调整工作岗位。

第三十二条 事业单位工作人员聘期考核被确定为合格档次且所聘岗位存续的，经本人、单位协商一致，可以续订聘用（任）合同。

聘期考核被确定为不合格档次的，合同期满一般不再续聘；特殊情况确需续订聘用（任）合同的，应当报经主管机关（部门）审核同意。

第三十三条 事业单位工作人员考核形成的结论性材料，应当存入本人干部人事档案。

第三十四条 平时考核、专项考核结果作为年度考核、聘期考核的重要参考。

运用平时考核、专项考核结果，有针对性地加强激励约束、培养教育，鼓励先进、鞭策落后。

第三十五条 考核中发现事业单位工作人员存在问题的，根据问题性质和情节轻重，依规依纪依法给予处理、处分；对涉嫌犯罪的，依法追究刑事责任。

第三十六条 事业单位工作人员对考核确定为基本合格或者不合格档次不服的，可以按照有关规定申请复核、提出申诉。

第七章 相关事宜

第三十七条 对初次就业的事业单位工作人员，在本单位工作不满考核年度半年的（含试用期），参加年度考核，只写评语，不确定档次。

对非初次就业的工作人员，当年在其他单位工作时间与本单位工作时间合并计算，不满考核年度半年的（含试用期），参加年度考核，只写评语，不确定档次；满考核年度半年的（含试用期），由其现所在事业单位进行年度考核并确定档次，原工作单位提供有关情况。

前款所称其他单位工作时间，可以根据干部人事档案有关记载、劳动合同、社会保险缴费证明等综合认定。

第三十八条 对事业单位外派的工作人员进行年度考核，按照下列规定办理：

（一）挂职、援派、驻外的工作人员，在外派期间一般由工作时间超过考核年度半年的单位进行考核并以适当的方式听取派出单位或者接收单位的意见。

（二）单位派出学习培训、执行任务的工作人员，经批准以兼职创新、在职创办企业或者选派到企业工作、参与项目合作等方式进行创新创业的专业技术人员，由人事关系所在单位进行考核，主要根据学习培训、执行任务、创新创业的表现确定档次，由相关单位提供在外表现情况。

第三十九条 对同时在事业单位管理岗位和专业技术岗位两类岗位任职人员的考核，应当以两类岗位的职责任务为依据，实行双岗位双考核。

第四十条 对高校、科研院所等事业单位的科研人员，立足其工作特点，探索完善考核方法，合理确定考核周期和频次，促进科研人员潜心研究、创造科研成果。

第四十一条 病假、事假、非单位派出外出学习培训累计超过考核年度半年的事业单位工作人员，参加年度考核，不确定档次。

女职工按规定休产假超过考核年度半年的，参加年度考核，确定档次。

第四十二条 事业单位工作人员涉嫌违纪违法被立案审查调查尚未结案的，参加年度考核，不写评语，不确定档次。结案后未受处分或者给予警告处分的，按规定补定档次。

第四十三条 受党纪政务处分或者组织处理、诫勉的事业单位工作人员参加年度考核，按照有关规定办理。

同时受党纪政务处分和组织处理的，按照对其年度考核结果影响较重的处理、处分确定年度考核结果。

第四十四条 对无正当理由不参加考核的事业单位工作人员，经教育后仍拒绝参加的，直接确定其考核档次为不合格。

第四十五条 事业单位或者主管机关（部门）应当加强考核工作统筹，优化工作流程，注意运用互联网技术和信息化手段，简便高效开展考核工作，提高考核质量和效率。

第四十六条 各级事业单位人事综合管理部门和主管机关（部门），应当加强对事业单位工作人员考核工作的指导监督。

对在考核过程中有徇私舞弊、打击报复、弄虚作假等行为的，按照有关规定予以严肃处理。

第八章　附　　则

第四十七条　机关工勤人员的考核，参照本规定执行。

第四十八条　各地区各部门可以根据本规定，结合实际制定事业单位工作人员考核具体办法或者细则。

第四十九条　本规定由中共中央组织部、人力资源社会保障部负责解释。

第五十条　本规定自发布之日起施行。

人力资源社会保障部相关负责人就《事业单位工作人员考核规定》答记者问①

近日，中央组织部、人力资源社会保障部印发了《事业单位工作人员考核规定》（以下简称《考核规定》），人力资源社会保障部事业单位人事管理司负责人就相关问题，回答了记者提问。

问：为什么要制定《考核规定》？

答：1995 年，原人事部印发《事业单位工作人员考核暂行规定》（人核培发〔1995〕153 号，以下简称《暂行规定》），对事业单位工作人员考核的内容、标准、方法、结果运用等作出规定，是事业单位工作人员考核工作的基本依据。《暂行规定》实施 20 多年来，对于规范事业单位工作人员考核，

① 来源：人力资源社会保障部网站。

促进履职尽责、干事创业发挥了重要作用，但随着形势任务的发展，亟需予以修订。一是贯彻新精神。习近平总书记对加强干部考核工作多次作出重要论述，党的二十大对完善干部考核评价体系提出相关要求，这些新精神新要求需及时转化为事业单位具体政策措施。二是衔接新政策。2014 年国务院颁布《事业单位人事管理条例》，其中关于考核的规定有重要调整，如年度考核结果由 3 个等次调整为 4 个档次，需配套进行完善并予以细化具体化。2019 年《党政领导干部考核工作条例》颁发实施，2020 年《公务员考核规定》修订印发，需与之保持政策衔接和平衡。三是解决新问题。近年来，随着社会事业的发展和事业单位改革的深化，事业单位工作人员考核工作面临新的情况，有些问题需及时研究解决，比如对政治标准的考核不够突出、分类考核不够精准、正向激励效应不足、结果运用有待加强等，解决这些问题需要从制度层面进行研究完善。

问：制定《考核规定》的总体考虑是什么？

答：《考核规定》坚持以习近平新时代中国特色社会主义思想为指导，以《事业单位人事管理条例》为依据，贯彻干部分类管理原则，把握事业单位公益性、专业性、技术性、服务性特点，坚持问题导向和目标导向，丰富完善考核内容标准，健全改进考核方式程序，强化考核结果运用，进一步鲜明树立考核导向，主要是对有较普遍共识的意见、可以解决的问题、需要衔接配套的政策进行修订完善，着力增强考核制度的系统性、针对性、有效性。

问：《考核规定》主要内容有哪些？

答：《考核规定》分 8 章共 50 条，第一章总则，规定考核目的和依据、适用范围、指导思想和原则、考核方式等；第二章考核内容，以岗位职责和工作任务为基本依据，明确考核内容；第三至五章分别结合年度考核、聘期考核、平时考核和专项考核特点，分专章对各类考核方式作出规范；第六章考核结果运用，把考核结果与选拔任用、培养教育、管理监督、激励约束、问责追责等相结合；第七章相关事宜，主要对特殊情形人员参加考核作出规定；第八章附则，规定参照执行范围、授权、解释、生效时间等。

问：《考核规定》如何体现突出政治标准？

答：坚持党管干部、党管人才原则，《考核规定》坚持将政治标准放在首位，在指导原则、考核内容等方面突出了政治标准。《考核规定》在考核内容中，明确提出要重点了解学习贯彻习近平新时代中国特色社会主义思想，坚定拥护“两个确立”，增强“四个意识”、坚定“四个自信”、做到“两个维护”等方面的情况。在考核档次中，充分体现了对政治标准的考量，明确提出年度考核确定为优秀档次的人员，应当具备思想政治素质高，理想信念坚定，贯彻落实党中央决策部署坚决有力的条件；对于那些思想政治素质较差，在贯彻落实党中央决策部署等方面存在严重问题的人员“一票否决”，年度考核应确定为不合格档次等。

问：《考核规定》如何体现分级分类考核？

答：事业单位数量大，人员多，行业分布广，按照人事管理体制的要求，事业单位人事管理实行分级管理分类指导。《考核规定》坚持分级分类考核，要求从单位实际出发，突出精准化和差异化，增强针对性和有效性，体现不同行业、不同类型、不同层次、不同岗位工作人员的特点和具体要求。比如，针对面向社会提供公益服务的事业单位和主要为机关提供支持保障的事业单位，针对不同行业，以及针对管理、专业技术、工勤技能三类不同岗位的事业单位工作人员提出科学合理、各有侧重的考核要求，避免“一刀切”。

问：中央组织部、人力资源社会保障部对学习贯彻《考核规定》有什么具体部署？

答：关于《考核规定》的学习贯彻，中央组织部、人力资源社会保障部已在印发的通知中提出明确要求，并将通过媒体开展系列宣传，进行政策解读；把《考核规定》纳入组织人事部门有关培训班的重要培训内容，帮助各地区各部门各单位准确把握文件精神，提高政策执行能力；跟踪了解贯彻落实情况，指导推动文件落地见效。各地区各部门各单位要把学习贯彻《考核规定》作为激励干部新时代新担当新作为的一个重要抓手，认真开展培训，严格执行政策，有序组织实施考核工作，发挥好考核的“指挥棒”和“风向标”作用。

图书在版编目（CIP）数据

事业单位工作人员考核规定 / 中国法制出版社编
.—北京：中国法制出版社，2023.2
ISBN 978-7-5216-3268-2

Ⅰ.①事… Ⅱ.①中… Ⅲ.①行政事业单位-工作人员-考核-规定-中国 Ⅳ.①D630.3

中国国家版本馆 CIP 数据核字（2023）第 028734 号

事业单位工作人员考核规定
SHIYE DANWEI GONGZUO RENYUAN KAOHE GUIDING

经销/新华书店
印刷/保定市中画美凯印刷有限公司
开本/850 毫米×1168 毫米 32 开　　印张/1 字数/11 千
版次/2023 年 2 月第 1 版　　2023 年 2 月第 1 次印刷

中国法制出版社出版
书号 ISBN 978-7-5216-3268-2　　定价：5.00 元

北京市西城区西便门西里甲 16 号西便门办公区
邮政编码：100053　　传真：010-63141600
网址：http：//www.zgfzs.com　　**编辑部电话：010-63141798**
市场营销部电话：010-63141612　　**印务部电话：010-63141606**

（如有印装质量问题，请与本社印务部联系。）